Zufriedenheit

LebensKunst-Impulse
für die
Bewusstseins-Elite
von
Andreas Giger

AF288386

Bibliografische Information der Deutschen Bibliothek
Die Deutsche Bibliothek verzeichnet diese Publikation in der
Deutschen Nationalbibliografie; detaillierte bibliografische Daten
sind im Internet über http://dnb.ddb.de abrufbar.

Texte und Bilder von Andreas Giger

1. Auflage 2006
Satz und Gestaltung: Andreas Giger
Herstellung und Verlag: Books on Demand GmbH, Norderstedt,
www.bod.de

ISBN 3-8334-5135-1

*Für alle
Team-KollegInnen
des Gesundheitshauses Bern*,
für die
die Zufriedenheit ihrer Kunden
und ihre eigene
ein Zwillingspaar bilden.*

*www.gesundheitshaus.ch

Inhalt

Das unterschätzte Mauerblümchen

Ich mag Mauerblümchen. Das können Sie zunächst ganz wörtlich nehmen. Ich liebe die kleinen Blumen, die unscheinbar und fast verborgen blühen und deshalb dem Betrachter eine eigene Anstrengung abverlangen, wenn dieser ihre Schönheit wahrnehmen will.

Dabei habe ich nichts gegen die strahlende Schönheit üppig blühender Blumenpracht einzuwenden, die einem direkt ins Auge springt. In meinem Begriff von Schönheit hat beides Platz, und ich möchte weder die eine noch die andere ihrer Ausprägungsformen missen.

Im Zweifelsfalle jedoch schlägt mein Herz für die Kleinen. Und mein Kopf liefert dazu ein kühles Kalkül, indem er an die Bilanz des zweiten Blickes erinnert: Bei der strahlenden Schönheit ist, wenn die erste Blendung vorbei ist, die Wahrscheinlichkeit groß, dass doch eine dunkle Stelle oder ein Makel sichtbar wird. Der zweite Blick bringt also vermutlich eine Enttäuschung.

Selbst wenn sich die strahlende Schönheit tatsächlich als perfekt erweisen würde, änderte das nichts an dieser Enttäuschung, denn dadurch würde sie kalt und steril und leblos wirken, weil Lebendiges nie perfekt ist.

Genau umgekehrt verhält es sich beim zweiten Blick auf ein Mauerblümchen. Hier ist die Wahrscheinlichkeit groß, dass wir dabei verborgene Reize und Schönheiten entdecken. Unsere ursprünglichen Erwartungen werden dabei übertroffen. Schlimmstenfalls entdecken wir nichts. Dann entspricht die Realität unserer ersten Erwartung und liegt nicht darunter wie bei der strahlenden Schönheit.

Somit fällt der Bilanzvergleich des zweiten Blickes eindeutig zugunsten des Mauerblümchens aus. Das ist kein Einwand gegen die Faszination des ersten Blickes, wohl aber ein Plädoyer für mehr bewusste Aufmerksamkeit für die Mauerblümchen. Schließlich beschert uns das Leben wesentlich mehr zweite und dritte Blicke als erste.

Ein Mauerblümchen-Dasein fristet noch die Zufriedenheit. Sie steht ganz im Schatten ihres großen Geschwisters, des Glücks. Diesem gilt unser ganzes Streben und Wünschen. Wir wünschen uns bei allen möglichen Gelegenheiten gegenseitig Glück, und die Verfassung der USA gesteht ihren Bürgern ausdrücklich das Recht auf Streben nach Glück zu.

Der König von Bhutan vertritt die Überzeugung, das „Bruttoglücksprodukt" sei für seine Untertanen wichtiger als das Bruttoinlandsprodukt. Und eine wachsende „Glücksforschung" versucht, wissenschaftlich abgesichert herauszufinden, wie man glücklich wird. Ihre Erkenntnisse bilden zusammen mit jenen von anderen selbsternannten Glücksexperten die Basis für ein florierendes Angebot an Büchern und Kursen zum

Glücklichwerden. Die Jagd nach dem Glück wird zum Geschäftsmodell.

Nun ist Jagdfieber allerdings ein schlechter Ratgeber. Klüger ist es, sich zu fragen, ehe zur Jagd geblasen wird, ob die potenzielle Beute eigentlich ein realistisches Ziel sei. Und, falls ja, auch ein lohnendes.

Zum Glück sind wir im Falle des Glücks zur Beantwortung dieser Fragen nicht allein auf die aktuellen Glücksratgeber abgewiesen. Das Streben nach Glück scheint so sehr in der menschlichen Natur angelegt zu sein, dass sich die besten Dichter und Denker früh dazu herausgefordert sahen, sich mit dem Thema zu beschäftigen.

Ihr Urteil ist insgesamt, verzeihen Sie die klare Sprache, vernichtend. Glück ist weder ein realistisches noch ein erstrebenswertes Ziel. Wobei diese Denker, genau so übrigens wie Sie und ich, sehr wohl zu differenzieren wissen: Glück existiert – in kostbaren Momenten. Auslöser für solche Momente des Glücks kann alles Mögliche sein. Gemeinsam ist ihnen allen, dass es sich dabei um ein Geschenk handelt, von wem auch immer, aber auf keinen Fall zu planen oder zu kontrollieren. Dass es zu einem geglückten Leben gehört, solche geschenkten Glücksmomente dankbar anzunehmen und sich an ihnen gebührend zu erfreuen, versteht sich von selbst.

Das Unglück entsteht erst, wenn wir diese Momente unbedingt in Richtung Unendlichkeit verlängern wollen: *... denn alle Lust will Ewigkeit, will tiefe, tiefe Ewigkeit.* Da hatte der alte Schnauzbart Nietzsche schon Recht. Es gibt diese Stimme in uns – und es gibt auch jene andere, die genau weiß, dass permanentes Glück für menschliche Geschöpfe nicht vorgesehen ist und damit ein völlig unrealistisches Ziel darstellt.

Und selbst wenn das Glück in Form der Glücksgöttin reiche Spende über einigen wenigen „Glücklichen" ausschüttet, ist das alles andere als eine Glücksgarantie: Lottogewinner sind zwar einige Wochen lang glücklicher als vorher, doch das pendelt sich sehr rasch wieder auf den alten Zustand ein, trotz der Millionen.

Was also machen wir mit unserem Streben nach Glück, das uns ja auch Schwung verleiht? Gibt es ein realistischeres und lohnenderes Ziel, das wir – mit demselben Schwung – stattdessen anpeilen könnten?

Ja. Zufriedenheit. Ich weiß, dieses Mauerblümchen hat einen schlechten Ruf, gilt als spießig, unattraktiv, grau, langweilig, bestenfalls für alte und längst resignierte Menschen geeignet. In diesem Büchlein möchte ich Sie zum zweiten Blick auf dieses Mauerblümchen einladen.

Ach übrigens, bevor ich es vergesse: Eigentlich ist Zufriedenheit gar kein Mauerblümchen mehr, jedenfalls nicht bei der Bewusstseins-Elite, zu der Sie als LeserIn dieses Bändchens zweifellos gehören. In meiner dort erhobenen „Hitparade der heißen Werte" ist Zufriedenheit innerhalb der letzten rund zwei Jahre von Platz fünfzehn auf Platz vier empor geschossen. Eine bemerkenswerte Karriere vom Mauerblümchen zum heißen Wert – fürwahr.

Frieden schaffen

Gerade bei Wörtern, mit denen wir selbstverständlich umgehen, lohnt es sich manchmal, einen Schritt zurück zu treten und sie aus der Distanz zu betrachten, so wie dies jemand täte, der aus einer anderen Sprache kommt. Schauen wir also, was das zuständige Standardwerk, der Duden, zu *Zufriedenheit* bzw. *zufrieden* sagt:

zufrieden: a) innerlich ausgeglichen und nichts anderes verlangend, als man hat; b) mit den gegebenen Verhältnissen, Leistungen o.ä. einverstanden, nichts auszusetzen habend. Zufriedenheit ist demnach ein emotionaler Zustand des Menschen, in dem seine Bedürfnisse von ihm als befriedigt angesehen werden.

Besteht Zufriedenheit also aus nichts anderem als befriedigten Bedürfnissen? Dann wäre so etwas wie dauerhafte Zufriedenheit undenkbar, gibt es doch reichlich Bedürfnisse, die immer wieder aufs Neue befriedigt werden müssen, was unabdingbar Phasen schafft, in denen sie nicht befriedigt sind.

Dabei spricht der Duden ja von innerlicher Ausgeglichenheit, und dabei handelt es sich um einen Dauerzustand, um innere Ruhe, um Seelenfrieden – auch wenn bestimmte Bedürfnisse gerade nicht befriedigt sind.

Tatsächlich geht es bei Zufriedenheit um diesen inneren Frieden. So jedenfalls verlief die Sprachentwicklung, wie ein Blick in das Herkunftswörterbuch des Dudens zeigt. Dort werden wir beim Stichwort „Zufriedenheit" direkt auf „Frieden" verwiesen, und erfahren dort:

Als „innere Ruhe, Seelenfrieden" ist unser Wort ursprünglich religiös gemeint im Sinne des biblischen Frieden auf Erden." Das Wort „zufrieden" ist demnach im 16. Jhdt. zusammengerückt aus Wendungen wie „zu frieden setzen", „zur Ruhe bringen". Das Substantiv Zufriedenheit entstand erst im 17. Jahrhundert.

Daran sind zwei Dinge interessant. Zum einen ist Zufriedenheit als Idee ein Kind der Neuzeit, davor kam offenbar niemand darauf, über die Befriedigung seiner Bedürfnisse nachzudenken. Zum anderen bildet das Wort „Frieden" in der deutschen Sprache tatsächlich den Kern von Zufriedenheit. Diesen Bezug kennen weder die englische noch die französische Sprache.

Im Englischen wird „zufrieden" mit „satisfied" oder „contented" übersetzt. Ersteres entspricht dem deutschen „befriedigt", das zweite Wort kommt von „to content" = „sich begnügen". In beiden Fällen ist von momentanen, punktuellen Situationen die Rede. Man begnügt sich mit dem, was da ist, aber nicht unbedingt auf Dauer. Und die Befriedigung von Bedürfnissen ist, wie wir schon gesehen haben, ein dynamisches Geschehen: Wir empfinden einen Mangel, gleichsam ein Loch. Dieses wird gefüllt, und wir sind befriedigt, aber nur so lange, bis der Inhalt des Lochs weggesickert ist und eine Leere hinterlässt, die wir füllen wollen – eben gerade, weil wir in diesem Moment unzufrieden sind.

Ohne solche Zyklen wären wir nicht überlebensfähig, die Nahrung, die wir uns heute zuführen, hält nun mal kaum bis morgen. Und so könnten wir uns damit begnügen, Zufriedenheit als möglichst oft wiederkehrende Phase in einem ewigen Rhythmus zwischen zufriedenen und unzufriedenen Zuständen zu verstehen, also als etwas, das Dauerhaftigkeit logisch ausschließt.

Doch woher auch immer dieser kulturelle Unterschied rührt: Im Deutschen ist mit Zufriedenheit immer auch ein Dauerzustand gemeint, eben tatsächlich im Sinne von innerer Ruhe, von Seelenfrieden. Das wiederum scheint für manche Menschen ein erstrebenswerter Zustand zu sein, finden wir doch in der modernen Form des Lexikons, also bei Wikipedia, einen Hinweis darauf, dass Zufriedenheit auch eine Weltanschauung sein kann. Von „Zufriedenheit als Vorsatz" ist in diesem Zusammenhang die Rede.

Ein solcher Zusammenhang ist sicher auch anderen Kulturen, etwa der buddhistischen, nicht fremd, doch sollten wir diese Besonderheit der deutschen Sprache ruhig genießen und es uns noch einmal auf der Zunge zergehen lassen: Zufriedenheit ist der seelische Zustand des inneren Friedens.

Doch was ist das überhaupt, Frieden? Zunächst die Abgrenzung zum Gegenteil: Frieden ist die Abwesenheit von Krieg. Doch während unsere glückliche Generation in der äußeren Welt Krieg nur noch am Fernsehen erlebt, ist dieser in der inneren Welt immer noch der Normalzustand. Wir befinden uns ständig im Konflikt mit der Welt, weil sie uns nicht bietet, was wir von ihr erwarten, weil sie nicht so ist, wie wir uns das wünschen, weil andere mehr haben als wir.

11

Und mindestens ebenso oft befinden wir uns im Kriegszustand mit uns selbst, weil wir nicht so sind, wie wir sein möchten, weil wir gerne jemand anders wären, weil wir daran zweifeln, ob das Ganze überhaupt einen Sinn macht.

Ich fürchte deshalb, dass vielen Menschen der Seelenzustand inneren Friedens weitgehend unbekannt ist. Zu sehr liegen sie dafür im Clinch mit sich selbst und mit der Welt, zu wenig sind sie versöhnt mit außen und innen, zu sehr nagt in ihnen ein ständiges Gefühl von Unzufriedenheit.

Als ferne Sehnsucht jedoch leuchtet Seelenfrieden auch bei diesen Menschen am inneren Horizont, und wer das Glück hatte, schon einmal längere Phasen wahrer, dauerhafter Zufriedenheit erlebt zu haben, wird diese Sehnsucht noch verstärkt spüren. Wir Menschen wollen nun mal in unserer großen Mehrheit lieber Frieden als Krieg, und zwar nicht nur außen, sondern auch innen.

Zufriedenheit als Vorsatz ist ein großes, wenngleich lohnendes Ziel. Und es ist grundsätzlich erreichbar, das heißt, Zufriedenheit ist lernbar. Nicht, dass diese Schule schon besonders viele Lernbegierige aufweisen würde; das beweist jeder Blick auf eine zur Arbeit eilende Menge. Die meisten Menschen scheinen mit ihrer Unzufriedenheit ganz zufrieden.

Das braucht Sie jedoch nicht davon abzuhalten, sich Ihre Sehnsucht nach innerer Ruhe, nach Seelenfrieden einzugestehen und somit Zufriedenheit als Grundzustand in den Katalog der Ziele und Absichten Ihrer LebensGestaltung aufzunehmen. Sie fördern damit Ihre Gesundheit. Sie tun sich gut – und Ihrer Umwelt.

Es mag sein, dass die Verheißung, Zufriedenheit brächte innere Ruhe und Seelenfrieden, Sie noch nicht wirklich überzeugt hat. Schließlich klingen solche Begriffe für Manche hausbacken und altmodisch. Geht es nicht etwas trendiger?

Doch, geht. Und zwar, indem wir Zufriedenheit mit einem Wert verknüpfen, der mehr im Trend liegt denn je: Gesundheit. In einem Kurzbeitrag bei Wikipedia lesen wir dazu folgende Sätze:

Zufrieden sein ist ein wichtiger Zustand des bio-psycho-sozialen Wohlbefindens, der im Allgemeinen für die Gesundheit wichtig ist, ganz sicher aber zur LebensQualität gehört. Zufriedene Menschen bilden im Allgemeinen keine oder kaum Symptome aus.

Voilà: Zufriedenheit fördert die Gesundheit. Und damit natürlich die LebensQualität, denn Gesundheit ist ein zentrales Element davon, die geistig-seelische eher noch stärker als die körperliche.

Nun findet heute jedes Angebot, das mehr Gesundheit verspricht, seine Käuferinnen und Käufer, wobei sich der Eindruck aufdrängt, gemäß uralten magischen Gesetzen sei jenes Angebot am wirksamsten, was am meisten kostet. Wohlfeile Angebote, oder gar solche, die gar nichts kosten, haben es dagegen schwer. Lieber ein teures Abo für das Fitnessstudio als das zu tun, was nachgewiesenermaßen das beste Verhältnis zwischen Aufwand und Ertrag bringt, nämlich einfach eine halbe Stunde pro Tag kräftiges Ausschreiten, nach dem Motto: Der kürzeste Weg zur Gesundheit ist der Fußweg.

Im Falle der Fortbewegung auf eigenen Füßen habe ich das mir von meinen Altvorderen übermittelte Wissen genutzt, indem ich es – mit Erfolg – anwende. Und ich stelle fest, dass das Gehen zunehmend populärer wird, ob in überlieferter Form oder modisch aufgepeppt als „Nordic Walking", wobei die Förderung der eigenen Gesundheit dabei unzweifelhaft eine zentrale Rolle spielt.

Ähnlich läuft es im Falle der Zufriedenheit. Das Wissen um deren Bedeutung für die Gesundheit ist nur teilweise verloren gegangen, und es steht vor einer Renaissance. Von der Bewusstseins-Elite weiß ich, dass sie „innere Ruhe und Ausgeglichenheit" für einen zentralen Beitrag zur eigenen Gesundheit hält.

Innere Unruhe, rastloses Angetriebensein und stetige nörgelnde Unzufriedenheit sind Stressfaktoren und damit nicht besonders gesundheitsfördernd. Zufriedenheit als Seelenfrieden dagegen wirkt sich offenkundig positiv auf unsere Gesundheit aus.

Was sie eigentlich kassenpflichtig machen müsste. Nur leider gibt es Zufriedenheit nicht in der Apotheke zu kaufen, auch nicht auf Rezept. Vielleicht gibt es ja so etwas wie ein Zufriedenheits-Gen, manche Menschen wirken so, als ob ihnen Zufriedenheit leicht fiele; und vermutlich gibt es Kulturen, welche diesen Seelenzustand pflegen und fördern. Doch wir, die wir nicht mit einem solchen Gen ausgestattet sind und in einer Kultur leben, die Unzufriedenheit geradezu fördern muss, um die Maschinerie in Gang zu halten, die uns zu immer weiter, höher, schneller und vor allem mehr antreibt, kommen nicht umhin, unsere eigene Zufriedenheit bewusst zu pflegen – auch im Interesse unserer Gesundheit.

Dabei können wir gerade am Beispiel Gesundheit einiges über Zufriedenheit lernen, gibt es doch auch den umgekehrten Zusammenhang: Unsere Zufriedenheit hängt wesentlich auch von unserer Gesundheit ab.

Ginge es jetzt um Glück, würden wir einen klaren linearen Zusammenhang sehen. Niemand ist glücklich über einen schlechten Gesundheitszustand. Doch es gibt sehr wohl Menschen, die nach allgemeiner Auffassung nicht gesund sind – und dennoch zufrieden. Ja, es gibt sogar klare Hinweise darauf, dass ältere Menschen mit ihrer Gesundheit zufriedener sind als jüngere, obwohl ihr objektiver körperlicher Zustand spürbar schlechter ist.

Zufriedenheit ist also keineswegs abhängig von objektiven Fakten. Vielmehr ist sie immer ein subtiles Zusammenspiel von Erwartungen und Fakten. Ob ich die Hürde Zufriedenheit überspringe, hängt davon ab, wie hoch ich die Messlatte setze. Ältere Menschen haben gelernt, die Ansprüche an ihre eigene Gesundheit nicht mehr in unerreichbare Höhen zu schrauben. Sie glauben nicht mehr daran, dass „vollständiges körperliches, geistiges und seelisches Wohlbefinden" ein realistisches und auf Dauer garantiertes Ziel ist.

Deshalb sind sie zufriedener als die anderen, welche diese Definition von Gesundheit, wie sie übrigens von

Bürokraten der Weltgesundheitsorganisation in die Welt gesetzt wurde, für bare Münze nehmen und damit ihre Erwartungen bis zu einem Niveau aufblasen, das in der Realität kaum zu erreichen ist. Sie nehmen jeden Rülpser und jedes leichte Unwohlsein als persönliche Kränkung und als Störfall, gegen den sofort mit grobem Geschütz aufgefahren werden muss, und jedes Auftreten einer solchen Störung macht sie unzufrieden mit ihrer Gesundheit.

Die Ansprüche an die eigene Gesundheit auf ein realistisches Maß zu reduzieren, um damit mehr Zufriedenheit zu erlangen, kann sehr gesund sein. Wobei auch für diese gesundheitsfördernde Maßnahme gilt, dass sie Heilmittel und Gift zugleich sein kann. Alles ist auch hier eine Frage der Dosierung, des Maßes. Wer die Erwartungen an die eigene Gesundheit zu sehr herunter schraubt, tut sich damit nichts Gutes, weil so ernsthafte Erkrankungen leicht übersehen werden können.

Wohlgemerkt: Es gibt weder dafür noch für alle anderen Lebensbereiche ein allgemein gültiges oder verbindliches richtiges Maß dafür, was übertriebene oder untertriebene Erwartungen sind. Was für Sie ein gesundes Maß an Erwartungen ist, können nur Sie entscheiden. Niemand nimmt Ihnen dafür die Verantwortung ab.

Was natürlich auch seine guten Seiten hat. Sie können frei entscheiden. Da kann man Ihnen noch so viel einreden, man habe dieses oder jenes vom Leben zu erwarten – diese Freiheit können Sie sich jederzeit nehmen.

Die Freiheitsspielräume zu nutzen, die wir beim ausweiten oder schrumpfen lassen unseres Erwartungshorizontes haben, ist eine gesunde Basis von LebensKunst. Denn Zufriedenheit schafft Gesundheit und LebensQualität.

16

Glücks-Hormone

Der beste drogenfreie Trip ist fortgeschrittenes verliebt Sein. Verliebte verhalten sich wie jemand, der auf was drauf ist. Sie sind dem Alltag entrückt, ihre Welt schrumpft auf ein Objekt der Begierde zusammen, sie projizieren und phantasieren drauf los, sie schweben auf Wolken und sind für die normale Welt nicht zu gebrauchen. Kurzum, sie sind ein bisschen verrückt.

Doch was heißt hier drogenfrei? Der einzige Unterschied besteht darin, dass hochwirksame chemische Substanzen nicht von außen zugeführt, sondern vom eigenen Körper produziert werden. In Verliebten tobt ein Cocktail von Glücks-Hormonen, die ihre Gehirnchemie völlig durcheinander bringen. Wie echte psychiatrische Verrückte darunter leiden, dass ihr Hormoncocktail nicht ausgewogen gemixt ist, so leiden Verliebte an einer gestörten Balance von Neuro-transmittern, also Hormonen im Gehirn.

Nur leiden sie natürlich nicht darunter, sondern genießen diesen Zustand von Ver-Rücktheit so sehr, dass sie ihn am liebsten ewig andauern lassen würden. Was bekanntlich niemandem gelingt.

Nach spätestens zwei oder drei Jahren ist Schluss mit der Verliebtheit. Warum das so ist, wissen wir nicht genau, wir können über die entsprechenden evolutionären Prozesse nur spekulieren. Sicher ist, dass die Glücks-Hormone ein Paar aneinander binden, was für die Überlebenschancen des so angepeilten Nachwuchses natürlich nur förderlich sein kann. Kaum jedoch ist das Baby aus dem Gröbsten raus, hören die Glücks-Hormone auf zu sprudeln.

Vermutlich gab es Mutationen, bei denen dies nicht der Fall war. Diese Exemplare der Gattung Mensch waren länger auf dem Verliebtheits-Trip. Bekommen scheint es ihnen nicht zu haben, oder jedenfalls nicht ihrem Nachwuchs. Kann man sich ja auch leicht vorstellen: Permanentes verrückt Sein erhöht die Überlebenschancen in rauer Umwelt kaum.

So sehr wir es bedauern, wenn die Zeit der Verliebtheit zu Ende geht, so glücklich können wir uns also schätzen, dass wir eine eingebaute Zeitschaltuhr haben, die uns zum richtigen Zeitpunkt wieder auf den Boden holt. Zumal uns da ja nicht nur der pure Kater erwarten muss.

Vielmehr hat es die Natur in Form der Steuerung unseres Hormonhaushalts so eingerichtet, dass aus Verliebtheit grundsätzlich Liebe werden kann. Gelingt uns nämlich dieser Übergang, so belohnen wir uns selbst, indem wir Hormone ausschütten, die einen Zustand von Wohlbefinden bewirken. Wir könnten auch sagen, dass diese Hormone Zufriedenheit hervorrufen.

Dieser Zustand ist nicht zu vergleichen mit jenem spektakulären himmelhohen Jauchzen der Verliebtheit. Von Vielen wird deshalb dieser Übergang als Rückschritt empfunden, weshalb sie sich möglichst rasch in eine neue Verliebtheit stürzen. Das ist natürlich auch eine Form der LebensGestaltung, doch ob es sich wirklich um LebensKunst handelt, sei dahingestellt. Dauerhaftes Glück ist den ständig aufs Neue Verliebten selten beschieden.

Denn sie verpassen etwas, zum Beispiel die Freuden der Vertrautheit, des gewachsenen Respekts vor dem anderen, den Schatz geteilter Erfahrungen. Diese wertvollen Quellen von LebensQualität und LebensSinn erschließen sich nur Paaren, denen der Übergang von Verliebtheit zu Liebe geglückt ist.

Glück im Sinne von Schwein haben spielt dabei sicher eine Rolle, doch sich allein darauf zu verlassen, wäre keine sehr kluge Strategie, wissen wir doch, dass Liebe der bewussten Pflege bedarf, wenn sie gedeihen und auch über schwierigere Zeiten hinweg tragen soll.

Auf der Ebene der Hormone heißt das, dass die Zufriedenheits-Hormone nicht von allein fließen. Während uns Verliebtheit wie ein Blitz treffen kann und wir dabei das Gefühl haben, eine andere Instanz als die sonst übliche würde uns steuern, während also die Glücks-Hormone sich ganz von allein ausbreiten, sind die Zufriedenheits-Hormone eine Belohnung für geglücktes Tun. Ohne Investitionen in unsere Liebe fließt nix zurück.

Wer das Glück hat, eine geglückte Liebesbeziehung zu leben, weiß um den Wert dieser Belohnung in Form von Zufriedenheit. Sie ist sicher weniger spektakulär als das Gefühl von verliebtem Glück, was jedoch nicht heißt, dass sie weniger intensiv sein muss.

Verdichtung kann auf einer subtilen Ebene intensiver erlebt werden als Expansion. Der wahre Genießer labt sich nicht an groben Geschmacksreizen, sondern an den feinen Unterschieden.

Das setzt Kennerschaft voraus, und tatsächlich braucht es die für die Liebe weitaus stärker als für Verliebtheit. Und, so können wir daraus ableiten, für Zufriedenheit stärker als für Glück. Glücksmomente können allen zufallen, wir brauchen dafür nur offen zu sein, was manchmal schwer genug ist. Hingegen führt kein Weg daran vorbei, dass wir uns Zufriedenheit erarbeiten müssen.

Würden die Glücks-Hormone ständig fließen, täte uns dies nicht gut, schließlich haben wir auf dieser Welt auch sonst noch einiges zu tun. So verständlich der Wunsch nach einem Schlaraffenland ist, in dem Brünnlein voll Glücks-Hormone fließen, so wenig ist uns dessen Erfüllung hienieden beschieden. Was vielleicht ganz gut ist, denn wenn wir unser Glück von Glücks-Hormonen abhängig machen würden, die aus uns unerfindlichen Gründen sprudeln und wieder versiegen, wären wir tatsächlich in hohem Maße abhängig von etwas, auf das wir kaum Einfluss haben.

Zu wissen jedoch, dass die Zufriedenheits-Hormone als Belohnung für eigenes Tun fließen, vergrößert unsere Autonomie-Spielräume ungemein. Und dass es manchmal auch anstrengend sein kann, diese Spielräume zu nutzen, erhöht nur den Wert der daraus resultierenden Zufriedenheit.

Wetterfühlig

Kennen Sie jemanden, der mit dem Wetter immer zufrieden ist? Eben. Die Tourismus-Industrie lebt zu einem hübschen Teil von der Unzufriedenheit der Menschen mit dem hiesigen Wetter. Und in den weit verbreiteten Plaudereien über das Wetter sind Klagen weitaus häufiger zu hören als Loblieder, wobei der Inhalt der Beschwerden zwischen „zu heiß" und „zu kalt" oder „zu trocken" und „zu nass" schwankt.

Solch widersprüchliches Geschrei drang laut einer schönen Legende auch dem lieben Gott in die Ohren. Er hörte sich das eine Weile an, bis es ihm zu bunt wurde. Er ging zu einem der am lautesten klagenden Bauern und erteilte ihm die Macht, ein Jahr lang selber über das Wetter zu bestimmen.

Hocherfreut nahm der Bauer den Auftrag an und mischte klug Sonnenschein mit Regen, so dass das Getreide prächtig wuchs. Als er jedoch ernten wollte,

21

musste er feststellen, dass die Ähren keine Körner trugen. Unser doch nicht ganz so kluger Bauer hatte nämlich glatt den bestäubenden Wind vergessen...

Es ist natürlich kein Zufall, dass in dieser Geschichte ausgerechnet ein Bauer die Hauptrolle spielt, schließlich sind die Landwirte weitaus stärker von den Launen des Wetters abhängig als wir Stuben- und Büro-Hocker, denen allenfalls mal ein Sonntagsspaziergang verhagelt wird. Doch auch er machte es nicht wirklich besser. Was käme dann erst für ein Wetter raus, wenn darüber demokratisch abgestimmt werden könnte?

Vollständige Zufriedenheit mit dem Wetter bleibt also eine illusionäre Utopie, und dasselbe gilt, streng logisch betrachtet, damit auch für Zufriedenheit generell: Wenn auch nur in einem Teilbereich keine vollständige Zufriedenheit möglich ist, kann es keine übergreifende totale Zufriedenheit geben.

Vollständige Zufriedenheit ist ein Ideal, das wir nie ganz erreichen können. Sollen wir deswegen aufgeben, uns diesem Ideal nähern zu wollen? Nein. Der Spaß steckt nämlich genau in dieser Bewegung der Annäherung – eine Erfahrung, die nicht nur für das Ideal Zufriedenheit gilt.

Um geistig besser ausgerüstet zu sein, auf dem Pfad zu mehr Zufriedenheit voran zu kommen, können wir von unserem Verhältnis zum Wetter einiges lernen. Wobei ich Sie nicht davon abhalten möchte, gelegentlich lauthals über das miese Wetter zu fluchen, solches Tun dient der Psychohygiene, und ohne die Möglichkeit, sich gemeinsam über das Wetter zu beschweren, verlöre unsere Gesellschaft ein gutes Stück ihres sozialen Kitts. Nichtsdestotrotz stelle ich fest, dass eine Menge überflüssiger Energie in Klagen über das ohnehin unvermeidliche und nicht zu ändernde

Wetter gesteckt wird. Ein bisschen mehr Zufriedenheit mit dem Wetter könnte also nichts schaden.

Neulich war ich bei meinen Freunden zu Besuch, die einen zehnminütigen Fußmarsch von mir entfernt leben. Ich war bei schönstem Wetter aufgebrochen, doch – April, April! – als ich zurückkehren wollte, hagelte es. Ich lieh mir einen Schirm und ging trotzdem los, unter beträchtlichem Kopfschütteln meiner Freunde. Noch ausgeprägter wurde dieses, als ich den Schirm zurück brachte und erzählte, ich hätte den Nachhauseweg ausgesprochen genossen.

Nun mag ich in solchen Dingen etwas extremistisch sein, aber vielleicht interessiert es Sie trotzdem, wie ich dazu komme, auch Wetter zu genießen, bei dem den meisten Leuten nur ein lautes „Pfui!" über die Lippen kommt. Es gibt dafür nämlich einige einfache Tricks und Kniffe.

Der erste heißt *Kontrastprogramm* und folgt dem einfachen Prinzip, wonach es kein gutes Wetter ohne schlechtes gibt. Erst wenn wir gefroren haben, wissen wir die Wärme wirklich zu schätzen, und umgekehrt. Und wenn Abwechslung das Leben süß macht, müssen wir akzeptieren, dass uns im Rahmen dieses Programms auch mal Saures geboten wird.

Der zweite heißt *Vorfreude*. Die ist laut Volksmund die schönste. Und wann könnte ich mich intensiver auf warmen Sonnenschein vorfreuen als mitten im Hagelsturm?

Der dritte heißt *Naturerleben*. Eine wichtige Quelle von Sinn, von Spiritualität: Wenn der Wind pfeift und die Hagelkörner fetzen, bin ich mitten drin in den Elementen, erlebe Natur von einer Seite, die nicht unbedingt angenehm ist, aber äußerst intensiv. Natur ist eben mehr als ein gepflegter Landschaftspark.

Nur zur Beruhigung: Ich bin kein Masochist. Solche Begegnungen mit schlechtem Wetter verordne ich mir nur in homöopathischen Dosen und mit der richtigen Ausrüstung, immer nach dem Motto, es gebe kein schlechtes Wetter, sondern nur ungeeignete Kleidung. Und wenn tagelang der Nebel ums Haus schleicht, oder wenn statt lauer Frühlingslüfte immer wieder Schneewolken heran brausen, bin auch ich damit nicht wirklich zufrieden. Dann kommt Trick vier zur Anwendung.

Der heißt: *Lass gut sein.* Das ist natürlich starker Tobak. Freudig auch das zu umarmen, womit wir unzufrieden sind, ist ein hoher Anspruch, ein zu hoher vermutlich. Muss aber auch gar nicht sein. Zwischen Ablehnung und Bejahung liegt ein weites Feld.

Seltsamerweise habe ich gerade bei Menschen, die stärker als andere abhängig vom Wetter sind, häufig weniger Klagen über dessen Kapriolen gehört als bei solchen, die ohnehin nie draußen sind. Stattdessen habe ich eine Haltung der Akzeptanz angetroffen: Wir können ohnehin nichts daran ändern, also lass uns das Beste daraus machen statt zu klagen.

Das ist mehr als dulden, wenngleich weniger als freudiges Bejahen. Von einer klugen Frau stammt der Satz: *Es ist, wie es ist, und darum nicht so schlimm.* Was nicht zu ändern ist, muss deswegen noch nicht gut sein. Doch unsere Zufriedenheit steigt bereits, wenn wir es als weniger schlimm betrachten. Beim Wetter und anderswo.

Erwartungshorizonte

Als äußerst bewegliche Wesen können wir unseren bevorzugten Horizont frei wählen. Das Angebot ist reichlich. Stadtlandschaften bieten andere Horizonte als einsame Täler, und die Horizonte auf einem Berggipfel sind anders als jene in einer flachen Steppe. Die Wahl liegt bei uns.

Diese Entscheidung legt uns nicht ein für allemal fest. Wenn uns ein Horizont langweilig wird, können wir uns zum nächsten fortbewegen. Unsere Mobilität hat uns eine Vielzahl von Erfahrungen mit unterschiedlichen Horizonten beschert. Horizonterweiterung ist uns in der Außenwelt so selbstverständlich geworden, dass wir den Begriff auf unser Innenleben übertragen haben und ihn dort so positiv werten wie außen.

Ja, Horizonterweiterung scheint eine fest in uns verwurzelte Antriebskraft zu sein. Bergsteiger kennen das. Wenn sie einen Berg hoch kraxeln, bildet dieser den einzigen Horizont. Oben angekommen, weitet sich der Horizont, und sie stellen fest, dass es hinter diesem einen Berg noch viele andere gibt, und schon erwacht die Sehnsucht nach dem nächsten: Nach dem Gipfel ist vor dem Gipfel.

Eine ganz ähnliche Erfahrung hat unsere Gesellschaft als Nutznießerin eines beispiellosen materiellen Wachstums gemacht. Betrachten wir uns nur die letzten hundert Jahre im Zeitraffer, stellen wir immer wieder diese Horizontverschiebung fest: Kaum hatten alle ein Fahrrad, wollten alle ein Auto. Kaum hatten alle ein Radio, wollten sie einen Fernseher. Und kaum waren alle mal in Italien, musste es schon die Karibik sein.

Eben noch schien das Erklimmen des Gipfels und damit das Erreichen des einzig sichtbaren Horizonts das höchste der Gefühle, und schon weitet sich der Horizont und ein nächster Gipfel lockt, bis dort wieder dasselbe Spiel abläuft. Was dazu geführt hat, dass ein heutiger Sozialhilfeempfänger materiell besser gestellt ist als die allermeisten Menschen, die vor hundert Jahren gelebt haben.

Genau dieser Mechanismus war natürlich eine der wesentlichsten Antriebskräfte des enormen wirtschaftlichen Wachstums. Und zwar, weil nicht nur der Wunsch nach Horizonterweiterung fest in uns steckt, sondern auch der Drang, bis zu diesem Horizont – und darüber hinaus – zu gelangen. Wir könnten ja auch, nur so als Idee, Horizonte einfach stehen lassen, uns an ihnen freuen, sie gelassen als Möglichkeit betrachten und nicht als Herausforderung.

Können wir aber offenbar nicht. Wir erwarten, vom Schicksal oder von uns, dass wir den ins Auge gefassten Horizont erreichen. Und, kaum sind wir dort, gleich den nächsten. Und so weiter, und so fort.

26

Das nennt man dann Erwartungshorizont. Er beschreibt jene Linie, die markiert, was wir bestenfalls erwarten können. Diese Linie, das wissen wir aus Erfahrung, ist keineswegs fest, sie hat vielmehr die Eigenschaft, immer weiter zurück zu rücken, je mehr wir uns ihr nähern. So hält sie uns ständig in Bewegung, weil wir den inneren Drang, uns unserem Erwartungshorizont zu nähern, nicht aufgeben können und ständig vorwärts eilen müssen.

Das ist so lange kein Problem, als genug Schwung da ist. Doch beim Gang von Gipfel zu Gipfel ermattet irgendwann auch der stärkste Berggänger. Das ist für ihn vielleicht die einzige Gelegenheit zu lernen, dass es nicht unbedingt gesund ist, den Erwartungshorizont immer weiter hinauszuschieben. Vielmehr erinnert das fatal an eine Sucht. Das Verlangen nach immer mehr und noch mehr vom Selben lässt keine Ruhe mehr zu. Und der noch höhere Berg garantiert keineswegs schönere oder intensivere Erlebnisse.

Mir scheint, die Wachstumsspirale unseres materiellen Fortschritts hätte dieses Ermüdungsstadium erreicht. Wir lernen gerade, dass mehr keineswegs automatisch besser ist, ja, dass weniger mehr sein kann. Wir erfahren, dass niemand uns dazu zwingen kann, unseren materiellen Erwartungshorizont immer weiter und weiter hinaus zu schieben. Wir wissen, dass nicht jeder Konsum unsere LebensQualität verbessert. Das alles lässt die Schwungkraft des Projekts „mehr und mehr" allmählich erlahmen. Sättigungstendenzen zeichnen sich ab.

Geistige Horizonterweiterung ist immer gut. Bei der Erweiterung unserer Erwartungshorizonte gilt das nicht. Erwartungshorizonten nachzurennen, die immer weiter weg rücken, hält uns auf Dauertrab, verhindert, dass wir zur Ruhe kommen und produziert damit gesundheits-schädlichen Stress. Unnötigen.

Die Krux ist, dass wir die Angewohnheit, Erwartungshorizonte immer weiter hinaus zu schieben, vom Konsum auf andere Lebensbereiche übertragen haben, dahin, wo sie nun wirklich nichts zu suchen haben. Kaum haben wir eine halbwegs vernünftige Partnerwahl getroffen, lockt uns die Aussicht, hinter der nächsten Ecke könnte ein noch besseres Exemplar warten. Und kaum sind wir irgendwo gelandet, geografisch oder geistig, nagt an uns schon eine latente Unzufriedenheit, weil wir erwarten, an noch besseren Orten sein zu können.

Das ist kein Plädoyer dafür, Erwartungshorizonte gänzlich unverrückbar zu belassen. Das würde zu Erstarrung führen. Es geht um Fragen der angepassten Geschwindigkeit: Wenn wir den Erwartungshorizont schneller erweitern als die Wirklichkeit nachkommen kann, werden wir unzufriedener. Wenn wir jedoch das Tempo der Realität zum Maßstab nehmen und die Erwartungen erst verstärken, wenn die Wirklichkeit wieder etwas näher gerückt ist, werden wir zufriedener.

Zufriedenheit ist nichts anderes als der Abstand zwischen unseren Erwartungen und der Wirklichkeit. Je geringer dieser Abstand, desto stärker unsere Zufriedenheit. Doch während die Wirklichkeit ist, wie sie ist, und damit nicht zu ändern, haben wir aktiven Einfluss auf unsere Erwartungen. Als auch geistig bewegliche Wesen können wir nicht nur unsere landschaftlichen Horizonte frei wählen, sondern auch unsere Erwartungshorizonte.

Ankommen

Papst Johannes Paul II war, unter anderem natürlich, berühmt als „eiliger Vater", weil er ständig in der Weltgeschichte herum reiste. Und damit ein Symbol war für eine nicht zu übersehend Eigenschaft der Menschheit, nämlich ihr Nomadentum.

Je nachdem, ob wir nur die neuste Version der Gattung Mensch in Betracht ziehen, oder auch seine Vorfahren, steckt in uns ein Gedächtnis von einigen Hunderttausend oder einigen Millionen Jahren. Erst vor rund zehntausend Jahren kam der Mensch auf die Idee, bewusst Gräser zu säen. Da bedeutete, dass man am selben Ort auf die Ernte warten musste, und diese ebenso daselbst auch speichern. So entstand die Sesshaftigkeit zunächst irgendwo in Nahen Osten. In unseren Breitengraden dauerte es noch mal einige tausend Jahre, bis es so weit war.

Davor, also den weitaus größten Teil der menschlichen Geschichte, zogen die Menschen als Nomaden durch die Gegend, immer den Jagdtieren und Sammelgütern nach. Und dieses Erbe wirkte nach. Wohl waren die meisten Menschen während einiger Jahrtausende dazu verknurrt, ständig in ihrer engen Welt zu bleiben. Doch kaum hatten Verkehrstechnik und allgemeiner Wohlstand die Voraussetzungen dafür geschaffen, folgten sie wieder den Hummeln in ihrem Bauch und rasten los.

Eine Menge Reisen, so weiß man, wird heute nicht etwa unternommen, um an einen bestimmten Ort zu gelangen, sondern schlicht um wegzukommen. Hier wird das Erbe der Nomaden spürbar, eine innere Unruhe und Rastlosigkeit, ein Unwohlsein, wenn man zu lange am selben Ort verweilt.

Ein französischer Denker hat mal gesagt, das ganze Unglück der Menschheit rühre daher, dass fast niemand es aushalte, einfach ruhig in seinem Zimmer sitzen zu bleiben. Darüber, ob es sich dabei tatsächlich um ein Unglück handelt, ließe sich trefflich streiten. Unbestreitbar ist die Diagnose. Wir sind gerne unterwegs, lieben es, voran zu kommen.

Dazu trägt nicht nur das Erbe der Evolution bei, sondern auch unsere Geschichte der Wohlstandsmehrung. Sie hat uns gelehrt, dass hinter jedem erreichten Ziel ein neues aufscheint, das uns wieder vorwärts treibt, kaum sind wir angekommen. Stetiges Wachstum wurde uns zur Selbstverständlichkeit, und wir haben verinnerlicht, dass Stillstand gleichbedeutend sei mit Rückschritt. Nicht nur beim materiellen Wachstum und Konsum übrigens, sondern bald auch auf anderen Lebensgebieten.

Das Dumme ist nur, dass wir gerade erfahren, was jeder Süchtige weiß, nämlich dass auch eine ständig gesteigerte Dosis vom immer Gleichen irgendwann ihre Wirkung verliert. Natürlich hat uns der wachsende Wohlstand Konsummöglichkeiten beschert, die unsere LebensQualität und unsere Zufriedenheit gesteigert haben. Doch irgendwann haben wir, was wir brauchen. Noch mehr Konsum bringt dann nicht mehr Zufriedenheit, sondern neigt eher dazu, das Gegenteil zu produzieren.

Studien, die so etwas wie einen Glückskoeffizienten zu messen vorgeben, obwohl es eigentlich um Zufriedenheit geht, belegen den Zusammenhang klar: Es braucht ein gewisses Mindesteinkommen, um optimale Zufriedenheit zu produzieren, doch was darüber hinausgeht, schafft keineswegs mehr automatisch zusätzliche Zufriedenheit.

Mir scheint klar, woran das liegen könnte. Es geht um die Eigenschaft von Erwartungshorizonten, immer weiter weg zu rücken. Wobei wir sicher unterscheiden müssen zwischen unseren eigentlichen Bedürfnissen, also dem, was wir wirklich brauchen, und unseren Wünschen. Bei den Bedürfnissen haben wir eine legitime Erwartung, dass sie erfüllt werden. Tun sie das, ist genug auch genug. Anders bei den Wünschen. Die sind inflationär, das heißt, jeder Wunsch gebiert den nächsten, kaum ist er erfüllt. Und wie bei einer richtigen Inflation bekommen wir für immer mehr Einsatz immer weniger heraus.

Noch hindert uns unser Drang, stetig vorwärts zu kommen, unterwegs zu sein in Richtung immer höher, immer schneller, immer weiter, immer mehr, daran, die Konsequenzen aus dieser Entwicklung zu ziehen. Und die heißt: Wir kommen allmählich an Grenzen. Wir sind daran, anzukommen.

Als das Reisen noch weitaus beschwerlicher war als heute, muss das Gefühl, anzukommen, noch viel intensiver gewesen sein. Endlich hatte man die Strapazen hinter sich, konnte ausruhen, sich in Ruhe umsehen. Und man hatte Zeit, auf die eigene Seele zu warten. Jener Indianer, der meinte, fliegen sei schädlich, weil die Seele langsamer reise als der Körper, hat nämlich sicher, im wörtlichen wie im übertragenen Sinne, Recht: Ankommen braucht Zeit und Muße. Und wer stetig hektisch durch die Welt hetzt, nimmt irgendwann Schaden an seiner Seele.

Die Helden unserer Tage tun allerdings genau dieses. Der globalisiere flexible Mensch ist heute dort und morgen ganz woanders. Ob Manager oder Politiker, ob Künstler oder Sportler: je erfolgreicher, desto unterwegs. Interessanterweise werden dagegen jene heftig ausgegrenzt, welche eine traditionelle Form von Nomadentum pflegen, nämlich, um ein politisch unkorrektes, aber dafür verständliches Wort zu gebrauchen, die Zigeuner.

Das ändert alles nichts daran, dass wir eine neue Kultur des Ankommens entwickeln und pflegen sollten. Nicht als Ersatz, sondern als Ergänzung zur vorherrschenden Kultur des Unterwegseins. Wie es die Bewusstseins-Elite mal in einer Befragung formulierte, fühlt sie sich wohl im reißenden Zeitstrom, solange sie ausreichend Oasen des zur Ruhe Kommens hat.

Ganz aus diesem reißenden Zeitstrom mit seinem von einer ständig latent nagenden Unzufriedenheit angetriebenen Vorwärtsdrang aussteigen kann kaum jemand, und schließlich soll Reisen ja auch bilden. Doch die Oasen des Ankommens brauchen wir als Ausgleich. Nicht zuletzt deshalb, weil sie immer auch Oasen der Zufriedenheit sind.

Im Großen und Ganzen

Meine Kamera hat meinen Augen etwas voraus: ihr Zoom-Objektiv. Während ich mich mühsam heran robben oder herunter beugen muss, um ein Objekt von Nahem zu sehen, genügt bei der Kamera ein leichter Druck meines Fingers, um dasselbe Objekt ganz nah ins Bild zu setzen.

Diese Möglichkeit nutze ich ausgesprochen gerne, weil sie neue Einblicke eröffnet. Was aus der Distanz eben noch klein und unscheinbar wirkte, gewinnt aus der Nähe ein Eigenleben. Was eben noch unsichtbar war, entpuppt sich als spannende, amüsante, schöne und staunenswerte Welt.

Im realen Leben brauchen wir kein solches Zoom-Objektiv, das uns die Details nahe heran holt. Denn normalerweise leben wir in diesem Nahbereich, sind pausenlos damit beschäftigt, uns um all jene Details zu kümmern, die das Alltagsleben ausmachen. All diese einzelnen kleinen Aufgaben verlangen unsere volle Aufmerksamkeit.

Nun steckt im Detail nach den Erkenntnissen des Volksmunds bekanntlich der Teufel. Wenn wir ohne theologische Hilfskonstruktionen auskommen wollen, könnten wir diese Erkenntnis so formulieren: Im Detail steckt die Quelle aller Unzufriedenheit. Die Welt ist nun mal alles andere als perfekt, und so führen die kleinen Dinge des Alltags immer wieder zu Enttäuschungen, weil wir weniger bekommen, als wir erwartet haben. Und genau aus enttäuschten Erwartungen besteht Unzufriedenheit.

Diese Art von Unzufriedenheit hat etwas Unvermeidliches. Wir bekommen nie alles, was wir erwarten oder gar wünschen, weder von den Produkten und Dienstleistungen, die wir konsumieren, noch von den Menschen, die uns etwas bedeuten, weder von Arbeitgebern oder Politikern noch von höheren Mächten wie dem Schicksal. Überall übersteigt das, was wir uns in unserer Phantasie ausmalen können, bei weitem das, was real im Angebot ist. Der Mensch scheint über ein angeborenes Talent zur Unzufriedenheit zu verfügen, das von seiner Möglichkeit her rührt, sich Idealzustände vorzustellen.

Aus diesem Phänomen bezieht die kulturelle Evolution einen beträchtlichen Teil ihrer Schubkraft. Wenn wir mit etwas unzufrieden sind und uns etwas Besseres vorstellen können, wollen wir dieses Bessere auch und mobilisieren Energie und Gehirnschmalz, um dahin zu kommen. So gelangen Wissenschaftler zu besseren Erkenntnissen, Techniker zu besseren Maschinen, Künstler zu besseren Werken. Die ganzen Annehmlichkeiten unserer Zivilisation verdanken wir dem Umstand, dass irgendwann jemand unzufrieden war mit den bisherigen Lösungen.

Auch im persönlichen Leben wirkt die Antriebskraft der Unzufriedenheit. Dank ihr können wir unsere Beziehungen verbessern, unsere Arbeit optimieren, unsere Umgebung schöner gestalten – oder gar uns selbst zu einem besseren und schöneren Menschen machen.

All diese kleinen Schritte vorwärts, die persönlichen wie die gemeinsamen, können zusammen sehr wohl eine Verbesserung unserer LebensQualität bewirken. Unzufriedenheit als Signal, dass etwas noch nicht gut genug ist, und als Antrieb, es tatsächlich zu verbessern, bringt uns voran, als Einzelne wie als Gesellschaft. Diese Form von Unzufriedenheit abschaffen zu wollen, wäre ebenso illusionär wie töricht.

Angesichts unserer eigenen Unvollkommenheit und jener der Welt findet unser angeborenes Talent zur Unzufriedenheit natürlich reichlich Futter. Wir können den ganzen Tag lang Dinge finden, mit denen wir unzufrieden sind, und kaum haben wir auf einem Feld etwas mehr Zufriedenheit geschaffen, öffnet sich schon ein neues.

Dumm ist nur, dass Menschen, welche eine solche dauernde Unzufriedenheit ausstrahlen, keine sehr angenehmen Zeitgenossen sind. Unzufriedenheit als Grund- und Dauerzustand ist nicht attraktiv, weder für andere noch für uns selbst. Wir sind lieber mit Menschen zusammen, die insgesamt zufrieden wirken – in Gesellschaft wie vor dem Spiegel.

Damit stehen wir vor einer widersprüchlichen Herausforderung. Auf der einen Seite wollen wir uns unsere Fähigkeit zur Unzufriedenheit erhalten, weil sie uns voran bringt. Auf der anderen Seite hätten wir aber auch gerne eine zufriedene Grundausstrahlung, weil diese das Leben leichter und schöner macht.

Wie sollen wir diesen schwierigen Spagat schaffen? Der Schlüssel liegt im kleinen Wort „insgesamt". Wenn wir eine Gesamtbilanz ziehen, wenn wir unser Leben im Großen und Ganzen betrachten, können wir tatsächlich eine neue Bewertungsebene erreichen. In dieser Betrachtungsweise setzt sich die Gesamtbewertung nicht mehr einfach nur aus vielen kleinen Unzufriedenheiten zusammen. Wir können mit Vielem unzufrieden sein – und trotzdem insgesamt zufrieden.

Das Zoom-Objektiv funktioniert auch in der umgekehrten Richtung. Wir können von den kleinen Details wegzoomen, um das Ganze ins Auge zu fassen. In dieser Gesamtsicht werden die Kleinigkeiten relativiert. Wir erkennen, dass sie so wichtig nun auch wieder nicht sind. Was in der Großaufnahme eben noch wie ein riesiger Fels erschien, reduziert sich in dieser Perspektive zu dem, was es ist: ein Staubkorn.

Und manchmal hilft es auch, unsere Phantasie, uns etwas Besseres vorstellen zu können, verkehrt herum zu nutzen, und uns auszumalen, wie es auch viel schlimmer hätte kommen können. Trägt nämlich die Vorstellung, was uns alles verwehrt geblieben ist, zur Unzufriedenheit bei, so wird Zufriedenheit ungemein durch die Vorstellung davon befördert, was uns alles erspart geblieben ist.

Kein Wirtschaftsunternehmen wird jemals so arbeiten, dass alle mit allen Details zufrieden sein können. Entscheidend für die Zufriedenheit mit seiner Leistung ist jedoch letztlich das, was unter dem Strich herauskommt, also die Gesamtbilanz. Warum sollte es uns anders gehen? Im Großen und Ganzen zufrieden zu sein, ist das höchste der Gefühle. Und es ist hoch genug.

Genügt Genügsamkeit?

Worte, die Werte ausdrücken, haben ihre eigenen Konjunkturzyklen. Mal werden sie himmelhoch gehandelt, dann wieder stützen sie ins Bodenlose. Einer der klarsten Verlierer der letzten Jahrzehnte ist der Wert Bescheidenheit.

Am klarsten sichtbar wird dieser Wandel bei einer Gruppe, die gemeinhin nicht als Trendsetter gilt, nämlich bei den älteren Menschen. Ich habe sie noch erlebt, die Alten, die vom Leben wenig bis gar nichts mehr erwarteten, sich bescheideten und begnügten mit dem bisschen, was sie noch bekamen, und dafür auch noch dankbar waren. Keine Spur von Unzufriedenheit, nicht mal im Detail.

Heute weiß die Konsumforschung, dass grade ältere Menschen die höchsten Ansprüche stellen. Beim Konsum sind sie alte erfahrene Hasen, denen niemand mehr etwas vormachen kann, und sie sehen nicht ein, warum sie sich mit weniger als dem Besten begnügen sollen.

Bis vor nicht allzu langer Zeit galt Genügsamkeit als Tugend: *Bescheidenheit ist eine Zier!* Doch dann kam eine Ergänzung dazu, welche das Wertgefüge auf den Kopf stellte: - *doch weiter kommt man ohne ihr!* Jetzt galt Weiterkommen als Tugend, und dazu musste man sich alles nehmen, was geboten wurde. Bei dieser Entfaltung war eine altmodische Tugend wie Bescheidenheit nur lästig und hinderlich.

Und was hätte eine expandierende Wirtschaft mit Konsumenten anfangen sollen, die sich bescheiden mit dem begnügten, was sie hatten? Nur wenn die Konsumenten mit dem, was sie haben, unzufrieden sind, läuft der Wirtschaftsmotor rund.

Selbst die Bewusstseins-Elite, die solchen Mechanismen gegenüber alles andere als unkritisch ist und einen Wert wie Zufriedenheit hoch schätzt, kann mit dem Wert Bescheidenheit nichts mehr anfangen, er rangiert immer hoffnungslos abgeschlagen am Ende der Hitparade der heißen Werte. Bescheidenheit und die eng mit ihr verwandte Genügsamkeit scheinen out zu sein.

Gesteigert wird unsere Abneigung gegen Genügsamkeit noch, wenn wir sie auf uns selbst beziehen. Selbstgenügsamkeit ist nun wirklich das Hinterletzte. Schließlich arbeiten wir alle längst an einem Projekt namens Selbst-Optimierung, und wir beziehen daraus einen guten Teil unserer Identität. Uns und unsere Fähigkeiten ständig verbessern zu wollen, ist uns wichtig, Stillstand würde Rückschritt bedeuten.

Stillstand ist so lange nicht zu befürchten, als wir mit etwas an uns nicht zufrieden sind, handle es sich nun um unser Aussehen oder unsere Leistungsfähigkeit. Würden wir uns mit dem begnügen und bescheiden, was wir sind und was wir haben, hätten wir bald keine

Motivation mehr um weiter zu kommen. Selbstgenügsamkeit wäre demnach ein Garant für Stillstand und Erstarrung, ebenso öde wie langweilig.

So weit, so klar: Genügsamkeit ist ein Bremsklotz. Eine Irritation allerdings gibt es noch. Wenn wir Zufriedenheit als Abstand zwischen Erwartung und Erfüllung betrachten, dann müsste – theoretisch mindestens – die Formel gelten: Totale Genügsamkeit = Null Erwartungen = totale Zufriedenheit. Wenn wir nichts mehr erwarten, sind keinerlei Enttäuschungen möglich, und selbst, wenn wir nichts bekommen, sind wir zufrieden, wir haben ja nicht mehr erwartet.

Wäre das also die ultimative und radikale Strategie, um Zufriedenheit zu erlangen? Möglicherweise ja, doch jedes weitere Nachdenken darüber ist müßig, weil das Ziel, nichts mehr zu erwarten, weder von der Welt, noch vom Leben, noch von sich, allenfalls für weltentrückte Heilige realistisch ist. Wir Normalsterblichen haben nun mal unsere Wünsche und Bedürfnisse und Erwartungen, die wir nicht per Willensbeschluss einfach ins Exil schicken können.

Das zusammen mit der lähmenden und blockierenden Wirkung völliger Erwartungslosigkeit reicht aus, um Genügsamkeit endgültig auf dem Misthaufen jener Werte zu entsorgen, mit denen einst, meist religiös verbrämt, die besitz- und machtlosen Schichten ruhig gehalten wurden. Wir können froh darüber sein, dass heute auch Menschen Ansprüche haben und stellen, die früher nicht einmal auf eine solche Idee gekommen wären.

Und auch darüber, dass sie solche Ansprüche auch an sich selbst stellen und sich nicht selbstgenügsam auf einer bequemen Matte aus Selbstzufriedenheit ausruhen. Schließlich gibt es an uns allen immer noch etwas zu verbessern, und wenn das aus Selbstgenügsamkeit unterbleibt, kann ich das nur bedauern.

Trotz alledem hindert mich etwas daran, den Wert Genügsamkeit endgültig zu entsorgen. Und zwar das unscheinbare Wort, das darin steckt: genug.

Hinter diesem kleinen Wort steckt nämlich eine Idee, die ganze Welten erschließen kann, und zwar nicht nur solche der abstrakten Philosophie, sondern auch solche der ganz praktischen LebensKunst. Es ist die Idee vom richtigen Maß.

Genug heißt ja nichts anderes als weder zu viel noch zu wenig. Objektive Maßstäbe dafür, wo dieses „zu" beginnt oder aufhört, gibt es nicht, doch wir können uns auf einen inneren Sinn für dieses richtige Maß verlassen, das schon bei den alten Griechen hoch im Kurs stand. Für ihre Vorstellung von LebensKunst war es elementar, dieses richtige Maß überall zu erkennen und sein Leben danach auszurichten.

Das passt schlecht in unsere Kultur, die eine fatale Neigung zu Maßlosigkeit und Übertreibung erkennen lässt. Auch und gerade beim Hochschaukeln unserer Erwartungen, was sich zwangsläufig mindernd auf unsere Zufriedenheit auswirkt. So hecheln wir mit hängender Zunge unseren stetig aufgeblähten Erwartungen hinterher und werden immer unzufriedener.

Totale Genügsamkeit wäre das ebenso verzerrte Gegenstück dazu. Wo dort zu viel erwartet wird, wird da zu wenig erwartet. Beides ist offensichtlich nicht das richtige Maß. Zufriedenheit aber erlangen wir nur, wenn wir für uns herausfinden, was genug ist. Daran kann uns das Wort Genügsamkeit durchaus manchmal erinnern.

Kann man Zufriedenheit messen?

Die Schweizer, so kann man in einschlägigen Studien der Glücksforschung nachlesen, seien nach den Dänen das zweitglücklichste Volk der Welt. Da muss ich als Einheimischer etwas übersehen haben. Glücksstrahlende Menschen sehen für mich anders aus als der durchschnittliche Schweizer.

Natürlich sind die entsprechenden Zeitungsmeldungen immer zu kurz, um die wirklich spannenden Fragen zu beantworten, nämlich etwa jene, wie es überhaupt zu solchen Ergebnissen kommt. Konkret: Was wurde hier wie gemessen und verglichen?

Dabei ist die Sache ganz einfach. In repräsentativen Umfragen, was immer das heißt, werden die Leute direkt gefragt, wie glücklich sie seien. Und weil sprachliche Beschreibungen des eigenen Glücks in der Regel ziemlich subjektiv und damit nicht miteinander vergleichbar ausfallen, behilft man sich mit Zahlen. Die

Eins steht dann für „total unglücklich", die Zehn für „total glücklich", und dazwischen kann man abstufen. Aus den so gewonnenen Zahlenwerten kann man leicht einen Durchschnitt errechnen, und schon hat man einen „Glücks-Index" eines Landes gewonnen.

Der Gedanke, mit Hilfe einer Zahlenskala die Welt der Qualitäten mit jener der Quantitäten zu verbinden, mag zunächst befremdlich erscheinen. Kann man etwas so eindeutig nicht Messbares wie das eigene Glück in einer Zahl ausdrücken? Grundsätzlich schon, solange wir uns bewusst bleiben, dass es sich um eine Hilfskonstruktion handelt, um ein Bild, das immer weniger beinhaltet und ausdrückt als die abgebildete Wirklichkeit. Das, was wir mit einer solchen Frage messen, ist nicht wirklich unser Glück, sondern allenfalls ein Teil davon. Nicht mehr, aber auch nicht weniger.

Dem Informationsverlust, der mit einer solchen Messung einhergeht, steht ein entschiedener Vorteil gegenüber: Bisher rein Subjektives wird vergleichbar. Wenn wir akzeptieren, dass wir nur einen Teilaspekt erfassen, können wir jetzt unser momentanes Glück mit dem von früher vergleichen. Oder mit dem unserer Nachbarn. Und da unser Geist nun mal zu einem schönen Teil von Vergleichen lebt, ist ein solcher Maßstab, so unvollkommen er ist, ein willkommenes Instrument. Es könnte tatsächlich Sinn machen, nicht nur die ökonomische Leistungsfähigkeit von Ländern zu vergleichen, indem man ihr Bruttosozialprodukt misst, sondern auch deren Fähigkeit, das Glück ihrer Bürger zu fördern, indem man ihr „Bruttoglücksprodukt" misst.

Allerdings würde ich das, was mit einer solchen Skala gemessen wird, nicht als Glück bezeichnen, sondern als Zufriedenheit. Das momentane Glücksempfinden ist nämlich sehr viel schwankender als die allgemeine Zufriedenheit, wir laufen also bei der Messung von Glück Gefahr, von zufälligen zeitlichen Schwankungen abhängig zu sein, während wir mit Zufriedenheit eine relativ stabile Größe erfassen.

Der zweite Unterschied besteht darin, dass wir Glück mit einem absoluten Maßstab messen, Zufriedenheit jedoch mit einem relativen. Was heißt schon „total glücklich"? Bekanntlich meint der Sizilianer, wenn er sagt, es gehe ihm beschissen, etwa dasselbe wie der Finne, der äußert, es ginge ihm ganz passabel. Ein Maßstab jedoch, den jeder anders eicht, taugt nicht mehr für Vergleiche.

Es sei denn, wir akzeptieren die Subjektivität von Maßstäben zum vornherein und messen „nur" noch den Abstand zwischen der eigenen subjektiven Erwartung und der subjektiv wahrgenommenen Realität. Wenn wir Zufriedenheit als Abstand zwischen Erwartung und Erfüllung verstehen, haben wir in Form dieses Abstands ein Maß für Zufriedenheit, das sich durchaus in einer Zahl ausdrücken lässt.

Jetzt gilt es nur noch eine Frage zu klären: Zufriedenheit womit? Geht es um unsere Zufriedenheit mit uns selbst oder mit dem Schicksal, mit dem, was uns geboten wird, oder mit dem, was wir selber leisten? Das alles sind wichtige Einzelaspekte, doch würden wir jeweils nur sie erfassen, geriete unser Blick zu kurz. Wir brauchen etwas Verbindendes, das all diese Aspekte und noch viel mehr bündelt und integriert. Ich habe dafür den Begriff der LebensQualität vorgeschlagen.

Somit haben wir jetzt eine klare Fragestellung, nämlich die nach der Zufriedenheit mit der eigenen LebensQualität. Wir bitten zunächst darum, sich die eigene ideale LebensQualität vorzustellen.

Also den eigenen Erwartungshorizont. Dieses Fernziel ist mit Sicherheit individuell sehr verschieden, doch als idealer Erwartungshorizont bildet er den Referenzpunkt, mit dessen Hilfe wir den Abstand zur Realität erfassen können.

Das geht dann so: *Wenn Sie einmal die höchste LebensQualität, die Sie für sich denken können, mit dem Wert 100 beziffern: Wie hoch ist dann Ihre derzeitige allgemeine LebensQualität, ausgedrückt in einer Zahl zwischen 1 und 100?*

Diese Frage können Sie sich selber stellen, und den daraus resultierenden Zufriedenheitswert mit dem Ihrer Umgebung vergleichen. Und wenn Sie sich die früheren Werte gemerkt haben, können Sie leicht feststellen, ob es mit Ihrer Zufriedenheit abwärts oder aufwärts geht.

Nur so zu Vergleichszwecken: Bei der Bewusstseins-Elite resultiert eine durchschnittliche Zufriedenheit mit der eigenen LebensQualität von ziemlich genau 75. Drei Viertel der Erwartungen sind also erfüllt, was schon eine ganze Menge ist und doch genügend Raum für Optimierungen offen lässt. Und noch eine gute Nachricht: Die Bewusstseins-Elite konstatiert für die zurück liegenden zehn Jahre eine Zunahme ihrer Zufriedenheit um fast zehn Punkte, und sie erwartet für die nächsten zehn Jahre eine ebensolche Steigerung. Mehr Zufriedenheit ist also machbar, Frau Nachbar.

Noch ein Ansporn dazu: Bei den inflationär um sich greifenden Messungen von Kunden- und Mitarbeiter-zufriedenheit hat man herausgefunden, dass nur Werte von rund 80 und mehr aus Kunden und Mitarbeitern echte Fans machen. Da Sie der engste Mitarbeiter und beste Kunde Ihres Lebens sind, wäre es gewiss ein sinnvolles Ziel, das Niveau der eigenen Zufriedenheit so weit anzuheben, dass Sie zum begeistertsten Fan Ihres Lebens werden...

Bewusste Zufriedenheit

Das Klischee von den glücklichen Wilden beziehungsweise den armen Zufriedenen hält sich so hartnäckig, dass etwas dran sein muss. Tatsächlich scheinen manche Menschen mit einem natürlichen Talent zur Zufriedenheit geboren, und es gibt offenbar Kulturen, welche das allgemeine Zufriedenheitsniveau fördern. Unsere gehört mit Sicherheit nicht dazu.

In unserer Kultur wird stattdessen ein Kult der permanenten leisen Unzufriedenheit gepflegt. Nie ganz zufrieden zu sein mit dem, was einem geboten wird, oder damit, was man selber leistet, gilt als bester Garant gegen Stillstand und Erstarrung. In unserer Leistungs- und Konsumgesellschaft gilt Zufriedenheit als verdächtig, weil sie als Sand im Getriebe wirkt.

Das ist schade, weil der mit Zufriedenheit verbundene Seelenfrieden eine ergiebige Quelle für Gesundheit, Wohlbefinden und LebensQualität ist. Und es ist nicht nötig, weil man sehr wohl mit konkreten Details unzufrieden und zugleich im Großen und Ganzen zufrieden sein kann. Womit sich die Frage stellt, wie man diese generelle Zufriedenheit erlangt.

Wir könnten natürlich einfach warten, bis sie sich von alleine einstellt. Doch wenn uns weder angeborene Talente noch kulturelle Selbstverständlichkeiten dabei unterstützen, nehmen wir die Sache vielleicht doch lieber selber in die Hand. Oder noch besser in den Kopf. Denn Zufriedenheit ist eine Sache des Bewusstseins.

Auch wenn es sich noch nicht überall herumgesprochen hat: Unser Bewusstsein, also das, womit wir uns bewusst befassen, ist eine kleine Insel des Lichts in einer großen dunklen Umgebung. Die meisten der körperlichen, seelischen, aber auch geistigen Prozesse in uns spielen sich unbewusst ab, ohne dass wir davon etwas mitkriegen. Und das funktioniert in der Regel auch bestens.

Unser Bewusstsein, das wir auch mit einem Suchscheinwerfer in dunkler Nacht vergleichen könnten, gelangt nur bei speziellen Gelegenheiten zum Einsatz, nämlich überall dort, wo es um außergewöhn-liche oder besonders komplexe Angelegenheiten geht. Dort erbringt unser Bewusstsein Leistungen, zu denen das Unbewusste nicht oder nicht so gut fähig wäre.

Nun ist, wie wir alle wissen, die Kapazität dieses unseres Bewusstseins offensichtlich beschränkt. Wir können mit unserer bewussten Aufmerksamkeit und unserem bewussten Denken nicht überall gleichzeitig sein. Ein zentrales Element von LebensKunst ist es daher, diese beschränkten Möglichkeiten sinnvoll zu nutzen, das heißt, den Suchscheinwerfer unseres

Bewusstseins sehr bewusst einzusetzen, indem wir uns überlegen, wohin wir ihn richten wollen.

Ein solches sinnvolles Einsatzgebiet ist unsere eigene Zufriedenheit. Wir werden diese nur erlangen, wenn wir ihr immer wieder mal unsere bewusste Aufmerksamkeit schenken. Das bedeutet zunächst einfach zu beobachten, wie sie sich entwickelt, und wodurch sie beeinflusst wird. Doch in der Regel wird es darüber hinaus forderndes und förderndes aktives Eingreifen brauchen. Wenn wir nicht zufrieden werden wollen, werden wir es auch nicht werden.

Doch natürlich können wir nicht einfach mit unserem freien Willen einen Schalter umlegen und sind alsbald zufrieden. Auch die Entwicklung von Zufriedenheit geschieht organisch, Schritt für Schritt. Auf diesem Weg haben sich einige geistige Übungen als hilfreich erwiesen:

Erwartungshorizont: Dabei machen wir uns immer wieder mal bewusst, dass wir frei und eigenverantwortlich sind, wenn es darum geht, was wir vom Leben und von uns selbst erwarten. Wer diese Freiheitsspielräume nicht nutzt, ist selber schuld.

Genügsamkeit: Hier sinnieren wir darüber nach, was für uns "genug" bedeutet, was das richtige Maß beim Aufspannen unseres Erwartungshorizonts sein könnte. Irgendwo zwischen übertriebener Bescheidenheit und maßlosen Wünschen können wir so ein fließendes Gleichgewicht finden, das uns vor satter Selbstzufriedenheit ebenso bewahrt wie vor dauernder Unzufriedenheit.

Zoomen: Wenn uns irgendein ein einzelnes Element in unserem Leben unzufrieden macht, können wir jederzeit zurück zoomen und das Große und Ganze ins Auge fassen. Das rückt die Bedeutungen und Perspektiven zurecht.

Schwarze Phantasie: Unser blühendes Vorstellungsvermögen malt uns immer wieder Bilder davon aus, was in unserem Leben besser laufen könnte, was wir also alles verpassen, was natürlich tendenziell unzufrieden macht. Die umgekehrte Wirkung hat es, wenn wir unsere Phantasie auch mal verkehrt herum nutzen und uns ausmalen, wovon wir alles verschont worden sind. Dazu braucht es nicht mal blutige Horrorszenarios, es reicht völlig, uns gelegentlich zu fragen, was aus unserem Leben geworden wäre, wenn wir zwei Generationen früher auf die Welt gekommen wären.

Als besonders wirksame Fördererin meiner grundsätzlichen Zufriedenheit hat sich deren Schwester erwiesen: die *Dankbarkeit.* Der Zusammenhang ist ganz einfach: Wenn ich dankbar bin, bin ich auch zufrieden. Und je älter ich werde, desto mehr Gründe dafür, dankbar zu sein, entdecke ich in meinem Leben. Ich bin dankbar dafür, was ich mitbekommen habe, als Grundausstattung wie als Erfahrungshorizont, ich bin dankbar für die Menschen in meinem Leben, für das Spannende und Schöne, das ich erlebe, für alle Gelegenheiten, dazuzulernen und zu reifen.

An wen ich diese Dankbarkeit richte, ist nach meinen Erfahrungen unerheblich. Wir können sie an ein personalisiertes höheres Wesen namens Gott oder so adressieren, oder an den Kosmos oder auch ganz ins Unbestimmte – entscheidend ist allein die Empfindung von Dankbarkeit. Auch die können wir nicht willentlich herbei befehlen, aber sie ist tief in uns ohnehin immer da und wartet nur darauf, von uns gelegentlich ins Licht unseres Bewusstseins gehoben zu werden, zum Wohle unserer Zufriedenheit.

Zu meinen Aufgaben als Zukunfts-Philosoph gehört es gelegentlich, mir künftige Szenarios auszudenken und diese dann so zu erzählen, als ob die Geschichte, die zu ihnen führen wird, bereits geschehen wäre.

Diese Perspektive einzunehmen und unsere Lebensgeschichte vom Ende her zu erzählen, fällt uns auf der persönlichen Ebene schwer. Und zwar deswegen, weil wir dieses Ende gründlich verdrängt haben. Wir befassen uns deshalb äußerst ungern mit dem Ende unserer Lebensgeschichte, weil dieses Ende unvermeidlich aus Sterben und Tod besteht.

Diese Verdrängung herrschte nicht immer. Es gibt auch in unserer Kultur genügend starke Wurzeln, in deren Kern die Forderung steckt, das eigene Leben immer auch vom Ende her zu bedenken. Jene Philosophie, die es sich zur Aufgabe machte und macht, Impulse für bewusste LebensKunst zu liefern, hat darum immer schon Wert darauf gelegt, zu einem geglückten Leben gehöre auch ein geglücktes Sterben.

Wir brauchen uns deswegen nicht stündlich mit Gedanken an unser Sterben zu beschäftigen, doch sinnvoll sein kann es schon, sich gelegentlich zu fragen, wie man denn eigentlich sterben möchte, um so die eigene Lebensperspektive mit der Dimension des Endes abzurunden.

So unterschiedlich die Bilder des gewünschten eigenen Sterbens auch sein mögen, so einhellig dürfte dies sein: Niemand möchte unversöhnt sterben. Obwohl es dazu aus nahe liegenden Gründen keine verlässlichen Forschungsergebnisse gibt, leuchtet es doch unmittelbar ein, dass wir leichter und besser sterben, wenn wir in Frieden sind, mit der Welt und mit uns selbst. Was wiederum heißt: wenn wir zufrieden sind.

Nun liegt zwischen völliger Zufriedenheit und totaler Unzufriedenheit ein weites Feld. Umfassende und vollständige Zufriedenheit ist dabei ein ideales Fernziel, das wir wohl nie erreichen können. Aber wir können uns ihm nähern und uns deshalb zum Ziel setzen, dass diese Annäherung so groß und so gut ausfällt wie möglich. So dass wir, wenn es denn mit uns zu Ende geht, das uns mögliche Maß an Zufriedenheit und damit innerem Frieden erreicht haben.

So wird wachsende Zufriedenheit zu einem Richtung weisenden Ziel unseres persönlichen Reifungsprozesses. Und um den geht es immer, wenn wir von LebensGestaltung und LebensKunst sprechen. LebensKunst ist mehr als eine effiziente Technik zur Erreichung willkürlich gewählter Lebensziele. Wahre LebensKunst weiß, dass die Wahl der Ziele mindestens so viel bewusste Sorgfalt erfordert wie die Wahl der Wege dahin.

In Zeiten der Individualisierung kann es natürlich keine Einigkeit bei der Wahl konkreter Lebensziele geben, und das ist gut so, weil es unsere Freiheitsspielräume vergrößert. Jenseits aller individuellen Unterschiede bei Werten und Lebenszielen gibt es jedoch nach wie vor Gemeinsamkeiten. Zumindest bei jenen Menschen, die sich bewusst damit beschäftigen, also bei der Bewusstseins-Elite, finden wir sehr wohl Einigkeit über zentrale Werte und Lebensziele. Und ich schätze, dieser Konsens reicht weit über die Bewusstseins-Elite hinaus.

Die Idee, dass wir unter anderem auf dieser Welt sind, um zu reifen, gehört dazu. Ebenso herrscht weitgehende Einigkeit darüber, dass reife Werte wie etwa Souveränität und Gelassenheit – und damit auch die eng damit verwandte Zufriedenheit – attraktiv sind. Zufriedenheit gehört damit zu jenen erstrebenswerten Lebenszielen, denen wir uns im Verlauf unseres Reifungsprozesses immer mehr annähern können.

Das wird uns nicht erst im Moment unseres Sterbens gut tun, sondern schon die ganze Zeit davor. Und die wird bekanntlich immer länger. Weil wir älter werden, haben wir auch mehr Zeit zu reifen, und damit bessere Chancen, wirklich reif zu werden, so weit uns das bei unseren beschränkten Fähigkeiten überhaupt möglich ist. Diese Chance können wir auch dazu nutzen, zufriedener zu werden.

Auf diesem Weg könnten wir einer weiteren Verwandten der Zufriedenheit begegnen, kaum in Form ausgereifter Realität, wohl aber als immer stärker werdende Erscheinung am Horizont der Möglichkeiten: der Weisheit.

Weisheit ist, wie mir wohl bewusst ist, ein so großes Wort, dass es in vielen eine heilige Scheu davor auslöst, sich darauf näher einzulassen. Schließlich wissen wir alle, dass Weisheit noch schwieriger zu erreichen ist als Reife oder Zufriedenheit. Das sollte uns allerdings nicht daran hindern, uns auszumalen, wie es wäre, wen wir weise wären, und was das für Auswirkungen auf unsere Zufriedenheit hätte.

Weisheit würde wohl vor allem absolute Klarheit bedeuten. Wir wüssten, welche Lebensziele sinnvoll und lohnend sind. Wir wüssten, wo wir berechtigte und realistische Ansprüche zu stellen haben und wo wir uns besser bescheiden. Wir wären zufrieden mit dem, was ohnehin nicht zu ändern ist, und würden unsere Kräfte darauf konzentrieren, wo wir etwas ändern können, womit wir ebenfalls wieder sehr zufrieden wären.

Ich bin mir deshalb sicher, dass ein weiser Mensch ein zufriedener Mensch wäre. Und weil im Leben alles eng zusammenhängt, gilt dieser Zusammenhang wohl auch umgekehrt: Wachsende Zufriedenheit führt zu zunehmender Weisheit.

Es führt kein Weg daran vorbei: Zufriedenheit ist ein sinnvolles und lohnendes Ziel einer LebensKunst, die das Leben als Prozess der Reifung versteht, als Weg, der mit allen Irrungen und Wirrungen in Richtung Weisheit führt.

Drei Menschen wurde einst die Aufgabe gestellt, vom Ort A zum Ort B zu reisen. Der Informierte kannte die beste offizielle Verbindung und kam flott voran. Der Wissende kannte alle Abkürzungen und war schneller in B. Der Weise aber setzte sich erst mal hin um darüber zu sinnieren, ob es sich überhaupt lohne, nach B zu reisen. Ich bin mir sicher: Hätte es sich beim Ziel B um Zufriedenheit gehandelt, wäre auch der Weise – und gerade er – aufgebrochen. (Die Weise natürlich auch ...)

Mehr LebensKunst-Impulse

LebensKunst hat viele Facetten, und jede eröffnet ihre eigenen Perspektiven und Einsichten.

In derselben Ausstattung ebenfalls lieferbar:

Welchen Wert könnte es haben, sich mit Werten zu beschäftigen? Ganz einfach: Weil dadurch Werte wie Selbsterkenntnis und Selbstbestimmung gefördert werden.

Aus Achtsamkeit geborene Behutsamkeit ist das beste Biotop für LebensQualität, um weiter wachsen zu können. Sie verdient das, denn es geht hier um *Ihre* LebensQualität.

Mehr und mehr gilt:
Ich reife, also bin ich!
Auf dem Weg der Reifung ist Eigeninitiative gefragt, denn älter werden wir von allein, reifer nicht.

Jederzeit aktuelle Informationen über diese Angebote und andere LebensKunst-Impulse im Internet:
www.bewusstseins-elite.net

Mehr Bewusstseins-Elite

In diesem Standardwerk über die Bewusstseins-Elite, das erstmals ein Porträt dieser für unsere Zukunft wichtigen gesellschaftlichen Vorhut zeichnet, erfahren Sie, wer die Bewusstseins-Elite ist, was sie denkt und interessiert, und wie sie unsere Zukunft prägt.

Umfang ca. 240 Seiten, mit diversen Grafiken und elf Schwarz-Weiß-Bildern. € 22.- / CHF 35.-
J. Kamphausen Verlag, Bielefeld.
(www.weltinnenraum.de)

Auf der Homepage **www.bewusstseins-elite.net** erfahren Sie alles über dieses Buch sowie über die weiteren Angebote für die Bewusstseins-Elite. Sie bekommen dort auch neue Impulse, können mitreden und sich vernetzen.

Mehr Zugänge

Im Internet finden Sie mehr Informationen, Impulse und Anregungen zu diesen Themen:

Zufriedenheit
www.bewusstseins-elite.net

Bewusstseins-Elite
www.bewusstseins-elite.net

Andreas Giger
www.gigerheimat.ch